Besser Leben

Band 6

Privatpatient
1. Klasse
zum
GKV-Preis

KD Witzel

Die 8 wichtigsten

Insider-Informationen,

die Sie unbedingt kennen

MÜSSEN,

bevor Sie eine

Versicherung abschließen

INHALTSVERZEICHNIS

Private Krankenversicherung vs. Gesetzliche Krankenversicherung – Ein Kampf der Versicherungsgesellschaften?

Die gesetzliche Krankenversicherung kann der privaten Krankenversicherung bereits seit einigen Jahren nicht mehr das Wasser reichen. So nehmen die einst umfassenden Leistungen der gesetzlichen Versicherer trotz regelmäßiger Kostensteigerung immer weiter ab. Die jährlichen Bilanzen sollen mit unmöglichen Sparmaßnahmen ausgeglichen werden. Die Leistungskataloge werden dabei radikal reduziert und hinzu kommen weitere Zusatzbeiträge, welche der Versicherungsnehmer aus eigener Tasche zahlen muss ohne tatsächlich etwas davon zu haben. Dabei sind die Leittragenden in der Regel sowohl die Versicherungsnehmer, als auch die behandelnden Ärzte und zu guter Letzt auch die Privatversicherer, welche auf Grund der Defizite in den Kassen der behandelnden Parteien als Sündenbock und Zahlmeister höhere Kosten tragen sollen. Die private Krankenversicherung hingegen ist weiterhin bestrebt die Kosten so gut es geht abzubauen und die Leistungen noch umfassender zu gestalten. Somit kann die private Krankenversicherung nur zu Recht als eine der letzten starken und vor allem zuverlässigen Säulen in dem deutschen Gesundheitssystem bezeichnet werden. Doch die Erkenntnis über dieses ist leider nicht ausreichend, so bringen gesetzliche Vorschriften weitere Komplexität in das Durcheinander der Krankenversicherungen in Deutschland.

Weiterhin zu viele Vorschriften für einen erfolgreichen Start in der privaten Krankenversicherung

Bereits die gesetzlichen Aufnahmevoraussetzungen für die private Krankenversicherung sind alles andere als übersichtlich. So dürfen zwar Selbstständige und Freiberufler jederzeit nach eigenem Ermessen in die private Krankenkasse wechseln, doch sieht es bei Arbeitnehmern, Studenten, Hausfrauen und Arbeitslosen ganz anders aus. Arbeitnehmer müssen mit ihrem jährlichen Einkommen die Versicherungspflichtgrenze überschreiten, Studenten müssen mit Studienbeginn einen Antrag auf Befreiung aus der gesetzlichen Versicherungspflicht stellen, Hausfrauen sind auf das Einkommen ihres Ehepartners angewiesen und Arbeitslose haben kaum eine Chance aus der gesetzlichen Versicherungspflicht befreit zu werden. Dabei sind die Kosten für eine Privatversicherung generell geringer als die für eine gesetzliche Krankenversicherung und dies, obwohl die Leistungen um ein Vielfaches besser sind. Doch um die Kosten weiterhin auf ein Minimum zu halten und dennoch das Maximum aus den Leistungen herauszuholen, kommen auch die Privatversicherer nicht um eine Prüfung der Versicherungsantragsteller herum.

Relevante Zulassungsvoraussetzungen sind neben Alter und Geschlecht auch der Gesundheitszustand. Schlechte Gesundheitsprüfungen bringen in der Regel einen Risikoaufschlag zu Lasten der Versicherungsnehmer und dessen Versicherungsprämien oder aber eine Antragsablehnung mit.

Doch soll dies nicht eine Gleichberechtigung in Frage stellen, oder gar diskriminierend wirken, sondern lediglich den noch immer guten wirtschaftlichen Stand der privaten Krankenkassen wahren.

Zudem sind mit der Einführung des Basistarifs Gesundheitsfragen irrelevant und dienen nur der Formalität, da der Basistarif laut Gesetz keinen Versicherungsnehmer ausschließen darf, unabhängig davon welche Vorerkrankungen und chronische Erkrankungen vorhanden sind. Doch der Basistarif lehnt stark an die gesetzliche Krankenversicherung an und bietet somit weder einen besseren Leistungsumfang, noch eine Kostenersparnis.

Ungeachtet der Bedingungen bleibt die private Krankenversicherung eine ideale Alternative

Doch trotz der vielfältigen Bedingungen und Voraussetzungen ist die private Krankenversicherung eine beliebte Absicherungsmöglichkeit in Sachen Gesundheit. Bereits im Jahr 2008 waren mehr als 8 Millionen Deutsche in der privaten Krankenversicherung versichert. Mit zunehmender Zeit ist diese Zahl kontinuierlich steigend. Was genau sind aber die Gründe für die enorm positive Resonanz? Neben dem allgemein großen Leistungsspektrum, welches nach Belieben der Versicherungsnehmer weiter ausgefächert werden kann und den Leistungskatalog der GKV bei weitem übertrifft, sind die günstigen Versicherungsprämien, welche laut einem TNS Infratest für Sozialforschung aus dem Jahr 2008 im Durchschnitt bei 300 Euro und weniger im Monat liegen, ausschlaggebende Faktoren. Ebenso aber auch die Möglichkeiten einer Beitragsrückerstattung, welche dann in Frage kommt, wenn der Versicherungsschutz über einen Zeitraum von einem Versicherungsjahr nicht in Anspruch genommen wurde. Aber auch die vielfältigen zusätzlichen

Leistungen, wie eine Chefarztbehandlung, oder ein Einbettzimmer bei Krankenhausaufenthalt, sowie Heilpraktiker Behandlungen und andere zusätzliche Leistungen welche von der gesetzlichen Krankenversicherung nicht angeboten werden machen die private Krankenversicherung für die Versicherungsnehmer so attraktiv.

Nur ein Mangel in der privaten Krankenversicherung?

Als einziger Mangel in der privaten Krankenversicherung kann bislang lediglich die fehlende Familienversicherung beklagt werden. Doch soll dies nicht allzu problematisch für die Versicherungsnehmer sein. So können vor allem Ehepaare ohne Kinder oder Familien mit einem oder zwei Kindern bei gründlicher Recherche trotz Nicht-Vorhandensein einer grundständigen Familienversicherung mit der privaten Krankenversicherung besser bedient sein, als mit der gesetzlichen Versicherung.

Insbesondere wenn man bedenkt, dass Eltern für ihre Kinder in der Regel nur das Beste wünschen, was die Privatversicherung auf Grund ihrer vielfältigen Leistungen definitiv bieten kann.

Grundsätzliche Unterschiede zwischen der gesetzlichen und der privaten Krankenversicherung

Es gibt aber auch noch einige weitere Unterschiede zwischen der privaten Krankenversicherung und der gesetzlichen Kranken-versicherung, welche sowohl zu Gunsten der Privatversicherung ausfallen können, wie aber auch auf den ersten Blick zu Gunsten der gesetzlichen Versicherung. Auf dem zweiten Blick können die Vorteile der GKV aber schnell wieder wettgemacht werden. Vorteilhaft für die private Krankenversicherung ist beispielsweise die Tatsache, dass die Beiträge einkommensunabhängig erhoben werden, zum Nachteil könnte sich allerdings die steigende Höhe der Beiträge im Alter entwickeln. In Anbetracht der rezeptpflichtigen Medikamente kann die private Krankenversicherung weiter punkten, denn die Kosten für solche werden in der Regel in voller Höhe erstattet, was in der gesetzlichen Krankenversicherung nur teilweise oder gar nicht geschieht. Dies gilt im Übrigen auch für Hilfsmittel, wie zum Beispiel für Brillen oder Hörgeräte.

Ebenso wird die innovative Medizin von der gesetzlichen Krankenversicherung nur insofern übernommen, wie diese aus Sicht der Versicherer auch tatsächlich notwendig ist. Sehr vorteilhaft für die private Krankenversicherung gestaltete sich die Praxisgebühr in Höhe von 10 Euro pro Quartal, denn diese war als Privatpatient nicht fällig, somit waren nur Kassenpatienten betroffen. Die Praxisgebühr wurde wieder abgeschafft weil der Aufwand der Zahlung höher war als die Einnahmen.
Hinzu kommt die Gleichstellung aller Patienten in der GKV, unabhängig davon wie hoch dessen Beiträge ausfallen. Hierdurch kann es beispielweise dazu kommen, dass ein Versicherter für einen monatlichen Beitrag von 700 Euro in die gesetzliche Krankenversicherung, trotz der hohen Prämie, nur die gleichen Leistungen erhält wie ein Versicherter der gerade einmal 400 Euro Versicherungsbeitrag entrichten muss. In der privaten Krankenversicherung erhalten die Versicherungsnehmer die Leistungen welche ihnen laut Beitrag und Vertrag auch garantiert zustehen.

Die Vorteile der privaten Krankenversicherung übertreffen die allgemeinen Erwartungen

Alles in allem kann bereits an dieser Stelle gesagt werden, dass die private Krankenversicherung gegenüber der gesetzlichen Krankenversicherung vielfältige und äußerst nützliche Vorteile aufweist.

Doch ungeachtet dessen fallen mit einem Wechsel in die private Krankenversicherung auch zahlreiche Formalitäten an. Davon abgesehen sollte vor allem bei der Auswahl einer privaten Krankenversicherung und dessen Tarife auf einiges geachtet werden.

Viele Verbraucher haben sich mit dem Thema private Krankenversicherung noch nicht ausreichend auseinander gesetzt, beziehungsweise noch nicht hinreichend Informationen eingeholt um auch tatsächlich die richtige Entscheidung zu treffen und auf die zentralen, wesentlichen Punkte zu achten. Viele Versicherungsmakler, durchaus nicht alle, nutzen dieses Unwissen nicht selten aus und bringen somit auch eher unnötige Produkte an den Versicherungsnehmer. In Anbetracht der schlechten Möglichkeiten zum Wechsel einer Privatversicherung oder zur Rückwechslung in die gesetzliche Krankenversicherung bleibt der Versicherungsnehmer oftmals auf sinnlosen Produkten sitzen.

Nachfolgend soll Ihnen ein wenig Arbeit abgenommen werden und die wesentlichen Punkte genauer vorgestellt. Sodass auch Sie bei Ihrer Auswahl gewiss die richtige Entscheidung fällen werden.

8 nützliche Insider-Informationen zum sicheren Wechsel in die Private Krankenversicherung

1. Gibt es bestimmte Voraussetzungen die vor einem Wechsel in die private Krankenversicherung erfüllt sein müssen?

Voraussetzungen für einen Wechsel in die private Krankenversicherung gibt es genügend. Vielen Versicherungsinteressenten fällt es schwer, dabei einen genauen Überblick zu behalten. Dabei handelt es sich sowohl um gesetzlich vorgeschriebene Zulassungsvoraussetzungen, als auch um Voraussetzungen welche an die Privatkassen gebunden sind.

Insbesondere für Personen, die auf einen selbstständigen Wechsel bestehen und weniger Wert auf eine fundierte Beratung legen, kann es äußerst nützlich sein, sich bereits vor der endgültigen Entscheidung „Wechsel oder nicht?" eine kleine Checkliste zum Punkt Voraussetzungen anzulegen und diese nach und nach abzuarbeiten. Dabei ist aber zu beachten, dass die Voraussetzungen sehr von der jeweiligen Berufsgruppe und von dem Eintrittsalter, sowie von den persönlichen Gegebenheiten des Versicherungsnehmers abhängig gemacht werden. Denn die Nichterfüllung der Voraussetzungen kann sich teilweise sehr stark auf die Versicherungsleistungen und auf die Höhe der Versicherungsprämien auswirken.

Welche Voraussetzungen gelten für Arbeitnehmer?

Die Zulassungsvoraussetzungen für Arbeitnehmer sind auf dem ersten Blick etwas verwirrend, da sich Arbeitnehmer sowohl an rechtliche Vorschriften, als auch an die Voraussetzungen der Versicherungsgesellschaften halten müssen. So muss in jedem Fall die Versicherungspflichtgrenze erreicht oder überschritten werden. Die Versicherungspflichtgrenze beschreibt das jährliche Einkommen, welches ein Arbeitnehmer verdienen muss, um von der gesetzlichen Versicherungspflicht befreit zu werde. Im Jahr 2014 liegt die Versicherungspflichtgrenze bei einem Jahres-Brutto-Einkommen in Höhe von 53.550 Euro und somit einem monatlichen Bruttoeinkommen in Höhe von 4.462,50 Euro. Zu diesem Einkommen wird allerdings nicht nur der vertraglich geregelte Monatsverdienst, sondern auch das Weihnachtsgeld, Urlaubsgeld und andere Zusatzleistungen gezählt.

Die jährlich aktuellen Beträge finden Sie unter http://de.wikipedia.org/wiki/Versicherungspflichtgrenze

Allerdings reicht es nicht aus, die Einkommensgrenze einmalig zu überschreiten. Um auch tatsächlich von der gesetzlichen Versicherungspflicht befreit zu werden muss das Einkommen über einen Zeitraum von drei Jahren über der Versicherungspflichtgrenze liegen und zudem auch

im vierten Jahr die Grenze überschreiten. Die Versicherungspflichtgrenze sollte dabei jedoch nicht mit der
Beitragsbemessungsgrenze, bekannt aus der GKV, verwechselt
werden. Diese beschreibt lediglich das Einkommen, bis zu
welchem die Beiträge zur GKV abgerechnet werden dürfen. Wenn
Sie als Arbeitnehmer also tatsächlich in die private
Krankenversicherung wechseln möchten, sollten Sie sich bereits
im Voraus fragen, ob Sie bereits seit drei Jahren in Folge mehr als
53.550 Euro im Jahr verdienen und ob Sie auch mit einem
weiterhin so hohen Einkommen rechnen dürfen. Denn wenn Sie
auch nur für ein Jahr weniger verdienen, werden Sie automatisch
wieder versicherungspflichtig und müssen erneut in die
gesetzliche Krankenversicherung zurückkehren.

Eine weitere sehr wichtige Voraussetzung für einen Wechsel in die
private Krankenversicherung stellt ihr derzeitiger Beruf dar. Umso
gefährlicher dieser ist, desto höher wird auch Ihr monatlicher
Beitrag ausfallen, da Sie in der Regel mit einem sehr hohen Risikoaufschlag rechnen müssen. An dieser Stelle sollten Sie sich fragen,
ob es sich wirklich rentieren würde, in die Privatkasse zu
wechseln. Auch sehr entscheidend ist an dieser Stelle Ihr aktueller
Gesundheitszustand. Wenn dieser sehr schlecht ist, Sie häufig zum
Arzt müssen oder vielleicht sogar chronisch krank sind, kann es
ebenfalls zu Risikoaufschlägen kommen die sich auf Ihren Beitrag
auswirken, oder aber sogar zu einem Leistungsausschluss, sowie
zu einer Ablehnung des Versicherungsantrages.

Leistungsausschluss bedeutet in diesem Fall, dass
Untersuchungen, welche Ihre chronische Erkrankung betreffen, in
der Höhe der dafür notwendigen Kosten nicht erstattet werden

und ggf. auch die Kosten für notwendige Medikamente aus dem Leistungsspektrum heraus fallen.

So könnte Ihre Checkliste als Arbeitnehmer für den Wechsel in die private Krankenversicherung aussehen:

Erreichen Sie mit Ihrem Brutto Einkommen die Versicherungspflichtgrenze und sind Sie somit berechtigt in die private Krankenversicherung zu wechseln? (Zur Erinnerung, die Versicherungspflichtgrenze liegt bei einem Jahres Brutto Einkommen in Höhe von 53.550 Euro)

Haben Sie die Versicherungspflichtgrenze bereits seit drei Jahren in Folge überschritten?

Können Sie davon ausgehen, dass Sie die Versicherungspflichtgrenze auch weiterhin überschreiten werden?

Sind Sie derzeit in einem gefährlichen Beruf, beispielsweise als Fleischer, oder eher in einem ungefährlichen Beruf, beispielsweise als kaufmännischer Mitarbeiter beschäftigt?

Sofern Sie eher in die Gruppe der gefährlichen Berufe einzuordnen sind lohnt es sich, eventuell sehr hohe Beiträge für eine private Krankenversicherung zu entrichten?

Ist Ihr aktueller Gesundheitszustand zufriedenstellend oder können Sie bereits jetzt erahnen, dass Sie auf Grund chronischer Erkrankungen von privaten Versicherungsgesellschaften abgelehnt werden?

Nachdem Sie die vorgeschlagenen Fragen beantwortet haben, sollte es kein Problem sein, für sich selber auszuwerten, ob ein Wechsel von der gesetzlichen Krankenversicherung in die private Krankenversicherung tatsächlich nützlich ist.

Welche Vorschriften gelten für Selbstständige und Freiberufler? Gibt es eigentlich Vorschriften?

Für Selbstständige und Freiberufler gelten generell keine gesetzlichen Vorschriften. So sind diese Personengruppen grundsätzlich von der gesetzlichen Versicherungspflicht befreit und dürfen dementsprechend frei entscheiden, ob sie sich privat oder gesetzlich versichern lassen möchten. Doch insbesondere für Selbstständige und Freiberufler lohnt sich ein Wechsel in die private Krankenversicherung, da die Beiträge in der Regel um einiges günstiger sind, als beispielsweise in der gesetzlichen Krankenversicherung. Selbstständige und Freiberufler sind somit nur an die Vorschriften der jeweiligen Versicherungsgesellschaften gebunden. Somit gilt auch hier, dass der Gesundheitszustand den Anforderungen der Privatkasse gerecht werden sollte. Chronische Erkrankungen, bereits im Vorfeld notwendige Therapien oder andere Gegebenheiten können die

Entscheidung der Privatversicherer negativ beeinflussen - ebenso Übergewicht, Untergewicht oder aber vorhandener Zahnersatz. Auch die ausgeübte Tätigkeit kann eine Ablehnung, einen Risikoaufschlag oder einen Leistungsausschluss bewirken. Sofern Sie wirklich in die private Krankenversicherung wechseln möchten sollten Sie auch beachten, dass es im Anschluss nicht mehr, oder nur schwer möglich sein wird, in die gesetzliche Krankenversicherung zurück zu wechseln. Dies liegt daran, dass Sie sich durch Ihren Entschluss selbstständig von der Versicherungspflicht befreit lassen haben. Sie haben dann nur die Möglichkeit, durch Aufgabe Ihrer Selbstständigkeit erneut einen Platz in der gesetzlichen Krankenversicherung zu finden, oder aber durch Aufnahme einer Arbeitnehmertätigkeit mit welcher die Versicherungspflichtgrenze nicht überschritten wird.

So könnte Ihre Checkliste als Freiberufler oder Selbstständiger aussehen, wenn Sie von der gesetzlichen Krankenversicherung in die private Krankenversicherung wechseln möchten:

Können Sie davon ausgehen, dass Ihr Gesundheitszustand den Anforderungen der privaten Versicherungsgesellschaften entspricht und Sie demnach nicht mit hohen Risikoaufschlägen, einem Leistungsausschluss oder sogar einer Ablehnung rechnen müssen?

Handelt es sich bei Ihrer ausgeübten Tätigkeit um einen sicheren, oder doch eher um einen gefährlichen Beruf, welcher mit Risikoaufschlägen höhere Beiträge fordert?

Sind Sie sich sicher, dass Sie in der privaten Krankenversicherung versichert sein möchten oder haben Sie noch einige Zweifel und könnte es demnach sein, dass Sie ein Rückwechsel in die gesetzliche Krankenversicherung auf Grund von Unzufriedenheit wünschen könnten?

Nach Beantwortung der vorgeschlagenen Fragen sollten Sie selbstständig in der Lage sein, eine Auswertung Ihrer Antworten vorzunehmen und somit Ihren Entschluss zu bestärken oder ggf. einen anderen Weg einzuschlagen.

Müssen sich auch Künstler, Journalisten und andere Publizisten an gesetzliche Rahmenbedingungen halten?

Künstler, Journalisten und andere Publizisten sind ebenso wie Selbstständige und Freiberufler in ihrer Entscheidung frei. Allerdings gilt hier: Sofern der Künstler, Journalist oder Publizist bereits über die Künstlersozialkasse gesetzlich krankenversichert ist, besteht nur noch die Möglichkeit in die PKV zu wechseln wenn die Versicherungspflichtgrenze (ebenso wie bei Arbeitnehmern) überschritten wird. Auch hier gilt der allgemein gehaltene Wert von 53.550 Euro brutto jährlich und demnach 4.462,50 Euro monatlich. Wenn der Künstler, Journalist oder Publizist noch nicht in der Künstlersozialkasse geführt wird, kann auch dieser jederzeit in die private Krankenversicherung wechseln. Weiterhin gelten auch hier die allgemeinen Regeln, welche den Gesundheitszustand oder aber die Vorerkrankungen betreffen. Die ausgeübte Tätigkeit sollte sich an dieser Stelle erübrigt haben.

So könnte Ihre Checkliste als Künstler, Journalist oder Publizist aussehen:

Sind Sie bereits bei der Künstlersozialkasse angemeldet?

Sofern Sie bereits bei der KSK registriert sind, erreichen Sie mit Ihrem Bruttoeinkommen die Versicherungspflichtgrenze und sind Sie somit berechtigt in die private Krankenversicherung zu wechseln?

Sofern Sie bei der KSK registriert sind und die Versicherungspflichtgrenze überschreiten, überschreiten Sie die Versicherungspflichtgrenze bereits seit drei Jahren in Folge?

Sofern Sie bei der KSK registriert sind und die Versicherungspflichtgrenze bereits seit drei Jahren in Folge überschreiten, können Sie davon ausgehen, dass Sie die Versicherungspflichtgrenze auch weiterhin überschreiten werden?

Sind Sie sich sicher, dass Sie für die gesamte Dauer Ihrer Tätigkeit privat versichert sein möchten, oder können Sie damit rechnen, früher oder später in die gesetzliche Krankenversicherung zurück wechseln zu wollen?

Entspricht Ihr aktueller Gesundheitszustand den Kriterien einer privaten Krankenversicherung, oder ist mit einem Risikoaufschlag, mit einem Leistungsausschluss oder gar mit einer Ablehnung zu rechnen?

Wenn Sie die oben vorgeschlagenen Fragen beantwortet haben, sollten Sie selbstständig dazu in der Lage sein, zu entscheiden ob ein Wechsel in die private Krankenversicherung wirklich angebracht ist.

Studenten in der privaten Krankenversicherung – Was gibt es hier zu beachten?

Studenten hingegen müssen bereits zu Beginn ihres Studiums auf einiges achten, denn nur zu diesem Zeitpunkt besteht die Möglichkeit in die PKV zu wechseln. So müssen Studenten innerhalb der ersten sechs Monate ihres Studiums einen Antrag auf die Befreiung von der gesetzlichen Versicherungspflicht stellen, erst wenn dieser Antrag bewilligt wurde ist ein Wechsel in die private Krankenversicherung möglich. Studenten die bereits vor ihrem Studium privat krankenversichert waren können auch weiterhin problemlos in der privaten Krankenversicherung versichert bleiben. Weiterhin gelten selbstverständlich auch hier alle Voraussetzungen bezüglich des Gesundheitszustandes oder der Vorerkrankungen. Allerdings sollte insbesondere von den Studenten beachtet werden, dass es während der gesamten Dauer des Studiums nicht möglich ist, in die gesetzliche Krankenversicherung zurück zu wechseln. Studenten erhalten im Übrigen sehr günstig kalkulierte Studententarife, welche mit zahlreichen Rabattierungen versehen sind. Diese Rabatte gelten natürlich nur für die Dauer des Studiums und maximal bis zur Vollendung des 34. Lebensjahrs. Darüber hinaus verfügen Studententarife nicht über eine integrierte Alterungsrückstellung. Sollten Sie als Studenten allerdings damit rechnen können, dass Sie auch nach Beendigung Ihres Studiums in der privaten Krankenversicherung versichert bleiben können, so ist auf Grund der fehlenden Alterungsrückstellung von den Studententarifen abzuraten. Anstelle dessen sollten lieber ein günstiger Einsteigertarif gewählt werden.

So könnte Ihre Checkliste für einen Wechsel in die private Krankenversicherung als Student aussehen:

Sind Sie bereit, für die gesamte Dauer Ihres Studiums in der privaten Krankenversicherung versichert zu bleiben?

Können Sie damit rechnen, dass Sie auf Grund eines angestrebten Berufes auch nach Ihrem Studium von der gesetzlichen Versicherungspflicht befreit bleiben und die private Krankenversicherung weiterhin nutzen können?

Sofern Sie auch nach Ihrem Studium eine private Krankenversicherung anstreben: Lohnt sich ein Studententarif oder wäre ein günstiger Einsteigertarif auf Grund der notwendigen Alterungsrückstellung besser geeignet?

Sind Sie gesundheitlich soweit fit genug, um ohne Kompromisse in der privaten Krankenversicherung aufgenommen zu werden?

Gehen Sie eher häufig zu Arzt oder eher weniger häufig und könnten somit ggf. auf eine Beitragsrückerstattung hoffen?

Nachdem Sie die oben vorgeschlagenen Fragen beantwortet haben, können Sie diese problemlos selbstständig auswerten und somit Ihren Entschluss in die private Krankenversicherung zu wechseln bestärken oder eventuell auch verwerfen.

Können Rentner in die private Krankenversicherung wechseln? Welche Voraussetzungen gelten für diese Personengruppen?

Für Rentner wird es generell sehr schwer in die private Krankenversicherung zu wechseln, da durch das zunehmende Alter und die normalerweise nicht vorhandene Alterungsrückstellung sehr hohe Beiträge fällig werden würden, welche die Beiträge zur gesetzlichen Krankenversicherung weit übersteigen. Lediglich der Standardtarif oder aber der Basistarif wären finanziell mit den Tarifen der GKV zu vergleichen, allerdings auch in Anbetracht der Leistungen, weshalb ein Wechsel kaum sinnvoll wäre. Ist ein Rentner jedoch bereits seit mehreren Jahren privat versichert, so muss dieser auch weiterhin in der PKV versichert bleiben.

Hier konnte allerdings bereits eine ordentliche Alterungsrückstellung zur Beitragsstabilität im höheren Alter aufgebaut werden. Notfalls besteht für den Rentner auch an dieser Stelle die Möglichkeit, in den Basistarif oder in den Standardtarif zu wechseln. Dies ist jedoch nur insofern ratsam, wie sich Beiträge einsparen lassen können.

Was ist mit Hartz-4-Empfängern oder anderen Leistungsbeziehern? Können auch diese die Vorteile einer privaten Krankenversicherung genießen?

Ebenso haben Hartz-4-Empfänger oder ALG-Empfänger keinerlei Möglichkeiten in die private Krankenversicherung zu wechseln. War der Bezugsberechtige jedoch schon vor dem Bewilligungszeitraum in der privaten Krankenversicherung versichert kann auch dieser weiterhin die Vorteile seiner Versicherung nutzen. Das jeweils zuständige Amt muss in solch einem Fall die Beiträge zur Privatversicherung übernehmen. Vor einigen Jahren noch übernahmen die Ämter nur einen prozentualen Anteil, oftmals war es so, dass die Versicherungsnehmer für die Differenz selbstständig aufkommen mussten und hierfür ihre Leistungen zum Lebensunterhalt opfern mussten. Einige Hartz-4-Empfänger gingen diesbezüglich vor das zuständige Landessozialgericht und bekamen allesamt, unabhängig von einander, Recht zugesprochen. Seit dem muss das Amt die vollen Kosten für die private Krankenversicherung des Leistungsempfängers übernehmen. Die Bewilligungsstelle hat aber die Möglichkeit, den Leistungsempfänger zum Wechsel in den Basistarif zu drängen, was allerdings nur dann erfolgt, wenn dieser günstiger ist, als der bisher geführte Tarif.

Wie ist das eigentlich mit Beamten? Brauchen die eigentlich eine Krankenvollversicherung oder gelten hier andere Bedingungen?

Interessant sind auch die Zulassungsvoraussetzungen für Beamte. Grundsätzlich gilt nämlich, dass Anträge auf eine private Krankensicherung von Beamten nicht abgelehnt werden dürfen und nur in sehr schweren Fällen ein Risikoaufschlag berechnet werden kann. Dies liegt jedoch nicht an einer Bevorzugung der Beamten, sondern an der Tatsache, dass diese in der Regel keine Krankenvollversicherung, sondern nur einen zusätzlichen Schutz benötigen. Beamte erhalten nämlich eine Beihilfe von Ihrem Dienstherren. Diese Beihilfe wird immer dann gezahlt, wenn Krankheitskosten ab 200 Euro entstehen. Hierbei werden jedoch nicht alle Kosten übernommen, sondern oftmals nur um die 50%. Die restlichen Kosten, welche durch die Beihilfe des Dienstherren nicht abgedeckt werden können somit durch eine Zusatzversicherung der privaten Krankenversicherung abgesichert werden.

2. Wie gestalten sich eigentlich die Beiträge in der privaten Krankenversicherung?

Die Beiträge für die private Krankenversicherung werden im Gegensatz zur gesetzlichen Krankenversicherung einkommensunabhängig erhoben.

Dies mag in vielen Fällen auch der Grund für die oftmals wesentlich günstigeren Beiträge sein. Doch ganz ohne Formalitäten geht es natürlich auch in der privaten Krankenversicherung nicht. Privatversicherte zahlen nur Beiträge für die Leistungen, die sie sich auch tatsächlich wünschen. So werden Aufschläge für Wunschleistungen, wie etwa einer Chefarztbehandlung, einem Ein-Bett-Zimmer, einem Krankenhaustagegeld oder auch für Heilpraktikerbehandlungen erhoben. Doch zur endgültigen Beitragsberechnung ist nicht nur der Leistungsumfang ausschlaggebend, sondern auch zahlreiche andere Faktoren. So zum Beispiel das Alter des Versicherungsnehmers. Umso jünger dieser bei Eintrittsdatum in die private Krankenversicherung ist, desto geringer fällt in der Regel auch die monatliche Versicherungsprämie aus. Weiterhin spielt der Gesundheitszustand bei Eintritt in die PKV eine große Rolle. Für Vorerkrankungen, bestehende Krankheiten und chronische Erkrankungen können Risikoaufschläge gefordert werden, ggf. fällt auch ein Leistungsausschluss an. Zum Gesundheitszustand zählen unter anderem auch das Gewicht und die Frage, ob es sich bei dem Versicherungsnehmer um einen Raucher oder um einen Nichtraucher handelt. Weiterhin sehr relevant ist die Berufsgruppe des Versicherungsnehmers. Auch hier werden die Versicherungsnehmer in Risikogruppen eingeteilt. Desto gefährlicher der ausgeübte Beruf, umso höher sind demnach auch die Versicherungsprämien. Unabhängig von den bereits genannten Faktoren wird auch das Geschlecht des Versicherungsnehmers in die Beitragsgestaltung einbezogen. So müssen Frauen generell höhere Prämien als Männer zahlen, was an einer anderen Risikoeinstufung liegt. Auch die gewählte Selbstbeteiligung wirkt sich auf die Höhe des Beitrages zur privaten Krankenversicherung aus. Sofern diese sehr hoch ausgewählt wurde, fällt der monatliche Beitrag in der Regel geringer aus. Zusatzversicherungen, wie eine zusätzliche Alterungsrückstellungsversicherung wirken sich hingegen eher negativ auf die Höhe des Beitrages aus. Geht man jedoch nach einem TNS Infratest aus dem Jahr 2008, so liegen die durchschnittlichen monatlichen Versicherungsprämien zur privaten Krankenversicherung bei maximal 300 Euro pro Versicherungsnehmer. Viele Versicherungsnehmer zahlen gerade einmal einen geringen Beitrag in Höhe von 100 Euro monatlich.

Wichtig:

Sollte Ihre Gesundheitsprüfung bei Einstieg in die private Kranken-versicherung nicht zu Ihren Gunsten ausfallen und müssen Sie sich demnach auf Risikoaufschläge einstellen, so haben Sie die Möglichkeit, drei Jahre später eine erneute Gesundheitsprüfung zu beantragen, welche im besten Fall dazu führt, dass Ihr Beitrag reduziert werden kann.

Beitragserhöhungen in der privaten Krankenversicherung – Können sich Versicherungsnehmer dagegen wehren?

Unabhängig von den persönlichen Gegebenheiten des Versicherungsnehmers können die Beiträge aus unterschiedlichen Gründen erhöht werden. So können zum Beispiel allgemeine Kostensteigerungen eine Beitragserhöhung rechtfertigen, ebenso aber auch der medizinische Fortschritt. Eine Beitragserhöhung kann sich aber auch dann einstellen, wenn die Versicherung im Voraus falsch kalkuliert hat und die Beiträge zu Gunsten der Versicherungsnehmer zu gering ansetzte. Ebenso aber auch, wenn sich die Zinsen und Kapitalmarkerträge negativ verändern.

Eine Erhöhung ist in der Regel auch dann möglich, wenn zu viele Versicherungsnehmer ihre laufenden Verträge kündigen, sich die Stornoquote dementsprechend verändert, oder wenn sich die gesetzlichen Rahmenbedingungen verändern. Die gesetzlichen Rahmenbedingungen können dabei sowohl steuerliche Gegebenheiten, als auch Festlegungen bezüglich der Mindestbeiträge oder der Zulassungsvoraussetzungen seitens des Gesetzgebers betreffen. Sollten solche Fälle eintreten muss aber nicht zwangsläufig eine Beitragserhöhung stattfinden, denn auf Grund der vielfältigen Rücklagen und Überzinsungen, welche die private Krankenversicherung beispielsweise aus der Alterungsrückstellung erhält, können die Beiträge bei einer ausreichend gebildeten Rückstellung auch stabil gehalten werden.

Wobei auch hier eine korrekte Berechnung der Privatkasse als Grundlage gilt. Erwähnenswert ist an dieser Stelle, dass der Versicherungsgeber den Versicherungsnehmer stets über eine

Beitragserhöhung informieren muss. Sofern der Versicherte mit der Beitragserhöhung nicht einverstanden ist, hat dieser das Recht zu einer außerordentlichen Kündigung. Hiervon ausgeschlossen sind Beitragserhöhungen die durch gesetzliche Regelungen erfolgen.

Steigt mit zunehmenden Alter und zunehmender Leistungsinanspruchnahme auch der Versicherungsbeitrag? Oder gibt es Möglichkeiten einen den Beitrag stabil zu halten?

Eine Beitragsstabilität wird vor allem mit zunehmendem Alter sehr interessant, denn insbesondere jetzt muss wesentlich öfter auf die Leistungen der privaten Krankenversicherung zurückgegriffen werden.

Dies liegt zum einen an den noch notwendig gewordenen Vorsorgeuntersuchungen und zum anderen an dem höheren Krankheitsrisiko. Generell werden die Beiträge bei Mehrinanspruchnahme der Leistungen aus der Privatkasse um ein vielfaches erhöht. Doch bereits im Voraus, ab Beginn der Versicherungszeit in der privaten Krankenversicherung, kalkuliert die Versicherungsgesellschaft eine Alterungsrückstellung mit ein, welche von den monatlichen Beiträgen geltend gemacht wird. Diese Alterungsrückstellung wird im höheren Alter zur Beitragsstabilisierung eingesetzt. Alternativ hat der Versicherungsnehmer auch die Möglichkeit, eine zusätzliche Alterungsrückstellung in die private Krankenversicherung einzuzahlen. Dies ist vor allem dann sehr wichtig, wenn die Privatkasse gewechselt werden soll, denn in der Regel kann eine Alterungsrückstellung nicht mitgenommen werden oder ggf. nur in geringen Teilen. Sofern eine Zusatzversicherung abgeschlossen wurde, die die Alterungsrückstellung beinhaltet, kann diese auch bei einer anderen Privatkasse genutzt werden.

Stimmt es, dass man die Beiträge für die private Krankenversicherung zurückerstattet bekommen kann und was gibt es hierbei zu beachten?

Die Beiträge zur privaten Krankenversicherung können im Übrigen zurückerstattet werden. Dies ist allerdings nur dann möglich, wenn der Versicherungsnehmer über einem Zeitraum von einem Versicherungsjahr keine Leistungen in Anspruch genommen hat. Generell können die Beiträge allerdings nicht in vollem Umfang zurück erstattet werden, sondern oftmals nur sechs oder drei Monatsbeiträge. Dennoch ist dies ein großer Vorteil gegenüber der gesetzlichen Krankenversicherung. In der Regel muss die mögliche Beitragsrückerstattung aber auch vertraglich abgesichert sein. Außerdem sollte an dieser Stelle beachtet werden, dass die Beiträge wirklich nur dann zurückgewährt werden können, wenn keinerlei ärztliche Untersuchungen oder sonstige Leistungen von dem Versicherungsnehmer beansprucht wurden. Sofern die Beitragsrückerstattung nicht vertraglich garantiert ist, so ist diese nur entsprechend eines Gewinns seitens der Versicherungsgesellschaft möglich. In solch einem Fall spricht man auch von einer erfolgsabhängigen Beitragsrückerstattung, welche als freiwillige Leistung von der Versicherungsgesellschaft erfolgen kann, sofern der Geschäftserfolg diese zulässt. Auch hier kann eine Beitragsrückerstattung bis zu sechs Monatsbeiträge betragen. Eine dritte Form ist der Leistungsfreiheitsrabatt, welcher für die meisten Versicherungsnehmer jedoch eher uninteressant ist. Dieser könnte mit dem Schadensfreiheitsrabatt aus der KFZ-Versicherung verglichen werden. Der Rabatt kann sich auch in der privaten Krankenversicherung jährlich erhöhen, was jedoch in Anbetracht der Voraussetzungen kaum erreichbar ist. So müsste der Versicherungsnehmer über mehrere Jahre hinaus keine Leistungen in Anspruch nehmen um einen ansehnlichen Rabatt zu erhalten. Die beste Alternative für die Beitragsrückerstattung scheint somit die Pauschalleistung als vertraglich geregelte Garantierückerstattung.

Wichtig:

Immer wieder werden private Krankenversicherungen zu Billigpreisen, wie zum Beispiel für weniger als 58 Euro im Monat, beworben. Es ist durchaus möglich, solch eine günstige private Krankenversicherung abzuschließen, doch lohnt sich dies nicht tatsächlich. Denn auf Grund der sehr geringen Preise müssen die Versicherungsnehmer auf zahlreiche, teilweise auch notwendige Leistungen verzichten, sich mit einem sehr hohen Selbstanteil zufrieden geben und darüber hinaus auf den Arbeitgeberzuschuss gänzlich verzichten. Zudem sind solche Versicherungen lediglich für Versicherungsnehmer im Alter von 23 bis 27 Jahren möglich. Doch sollte insbesondere in der Krankenversicherung auf Dumpingpreise verzichtet werden und anstelle dessen lieber eine kostenaufwändigere Versicherung gewählt werden – es wird sich in jedem Fall lohnen.

3. Wie können Versicherungsnehmer ihre Beiträge günstiger gestalten?

Um die Beiträge zur privaten Krankenversicherung günstiger zu gestalten gibt es zahlreiche Möglichkeiten. So können beispielsweise die unterschiedlichen Zusatzleistungen abgewählt werden. Versicherungsnehmer die beispielsweise keinen Wert auf ein Ein-Bett-Zimmer im Krankenhaus, oder auf eine Chefarztbehandlung legen können diese Leistungen abwählen. Ebenso können zum Beispiel Hausfrauen auf das Krankenhaus- und Krankentagegeld verzichten, dieses sollte lediglich von Selbstständigen gewählt werden. Arbeitnehmer können das Krankentagegeld ab dem Tag hinzu wählen, ab welchem die vertraglich geregelte Lohnfortzahlung des Arbeitgebers endet. Zu Gleich benötigt nicht jeder Versicherungsnehmer Heilpraktikerbehandlungen oder aber psychologische Behandlungen, sowie einen Leistungsschutz bei Kuraufenthalten. Zudem gibt es noch vielfältige weitere Leistungen die nach Belieben von dem Versicherungsnehmer abgewählt werden können, sofern diese als nicht notwendig betrachtet werden. Darüber hinaus wirkt sich der gewählte Selbstanteil auf die Höhe der monatlich zu entrichtenden Versicherungsbeiträge aus. Umso höher dieser gewählt wurde, desto niedriger sind die

Versicherungsprämien. Allerdings sollte an dieser Stelle nicht nur darauf geachtet werden, dass die Beiträge so gering wie möglich gehalten sind, sondern dass der gewählte Selbstanteil auch tatsächlich zahlbar ist, sofern dies notwendig werden sollte.

Auch Zuschüsse für die Versicherungsbeiträge bieten Sparpotenzial

Neben den vielfältigen Abwahlmöglichkeiten zur Beitragsreduzierung können die Versicherungsnehmer auch Zuschüsse zu ihrer privaten Krankenversicherung erhalten. So erhalten Arbeitnehmer generell einen Arbeitgeberzuschuss. Der Arbeitgeberzuschuss beträgt dabei maximal 50 Prozent der tatsächlich anfallenden Beitragshöhe. Maximal da es dennoch eine Höchstgrenze gibt. Diese liegt bei 257,25 Euro, welche der Arbeitgeber höchsten als Zuschuss zur privaten Kranken-versicherung seiner Angestellten entrichten muss. Darüber hinaus zahlt der Arbeitgeber einen Höchstzuschuss von 35,83 Euro, welche der privaten Pflegepflichtversicherung zu Gute kommt.

Dieser Zuschuss muss sowohl für den Arbeitnehmer, als auch für dessen Familienangehörige entrichtet werden. Der Zuschuss wird selbstverständlich nur dann entrichtet, wenn der Arbeitnehmer auch tatsächlich von der gesetzlichen Versicherungspflicht befreit ist.

Wo erhalten Studenten ihre Zuschüsse zum Beitrag für die private Krankenversicherung?

Studenten haben die Möglichkeit einen geringen Zuschuss durch das zuständige BaFöG-Amt zu erhalten. Hierfür muss im Voraus ein hierfür vorgesehener Antrag ausgefüllt werden. Sofern dieser bewilligt wird zahlt das Bafög Amt dem Studenten einen Zuschuss in Höhe von 55 Euro. Dabei entfallen 47 Euro auf die Krankenversicherung und die restlichen 8 Euro auf die Pflegepflichtversicherung. Um diesen Zuschuss auch tatsächlich zu erhalten muss eine BaFöG-Berechtigung des Studenten vorliegen. Im Übrigen wird dieser Zuschuss, in dieser Höhe, nicht nur Studenten mit einer privaten Krankenversicherung gewährt, sondern auch Studenten mit einer gesetzlichen Krankenversicherung.

Bekommen auch Künstler, Journalisten und andere Publizisten einen Zuschuss für ihre private Krankenversicherung und was sollte dabei unbedingt beachtet werden?

Etwas komplizierter wird es bei den Zuschussmöglichkeiten für Künstler, Journalisten und Publizisten. Diese haben die Möglichkeit, eine Förderung durch die Künstlersozialkasse zu erhalten. Um allerdings einen Zuschuss für die private Krankenversicherung zu bekommen, muss diese bereits vor Eintritt in die Künstlersozialkasse abgeschlossen wurden sein. Erfolgt der Antrag auf Aufnahme in die Künstlersozialkasse jedoch vor einem Wechsel in die private Krankenversicherung, so wird der Künstler, Journalist oder Publizist automatisch wieder versicherungspflichtig, es sei denn, die Versicherungspflichtgrenze wird überschritten. Die Höhe des Zuschusses zur privaten Krankenversicherung wird dabei einkommensabhängig berechnet und beträgt 7 Prozent des monatlichen Bruttoeinkommens. Verdient der Künstler oder Publizist beispielsweise monatlich 1.800 Euro, so erhält dieser einen Zuschuss in Höhe von 126 Euro zu seiner privaten Kranken- und Pflegeversicherung.

Dennoch gilt auch hier eine klare Grenze, so übernimmt die Künstlersozialkasse maximal die Hälfte des Beitrages zur privaten Krankenversicherung.

Was erhalten Beamte für Zuschüsse für ihre private Krankenversicherung? Gibt es überhaupt Anlaufstellen?

Auch in Bezug auf die private Beamten-Krankenversicherung sind die Zuschussmöglichkeiten etwas komplexer. So erhalten Beamten generell einen Zuschuss zu ihren Krankheitskosten von ihrem Dienstherren. Das heißt allerdings nicht, dass ein Zuschuss zu der Krankenversicherung gezahlt wird. Die Versicherungsprämien zur Krankenversicherung müssen von Beamten grundsätzlich eigenständig entrichtet werden. Die Zuschüsse zu den Krankheitskosten werden von dem Dienstherren nur dann gezahlt, wenn diese auch notwendig sind, wie zum Beispiel während einer Erkrankung oder eines

Krankenhausaufenthaltes. In solch einem Fall muss oftmals ein Antrag gestellt werden, da die Kosten nur unter bestimmten Voraussetzungen, ab einer Gesamtsumme von 200 Euro, erstattet werden. Allerdings werden die Krankheitskosten nicht im Ganzen von dem Dienstherren übernommen. Die Höhe der Beihilfe für die Gesundheitskosten richtet sich nach dem jeweiligen Bundesland und wird prozentual berechnet. Die Beihilfe zu den Gesundheitskosten gilt allerdings nicht nur für die Beamten selber, sondern unter bestimmten Voraussetzungen auch für dessen Familienangehörige. Durch die teilweise Übernahme der Krankheitskosten benötigt der Beamte in der Regel keine Krankenvollversicherung. Die privaten Krankenversicherer haben diesbezüglich spezielle Beamtentarife eingeführt, welche ausschließlich die Kosten abdecken, welche der Dienstherr nicht übernimmt. Somit ist die private Krankenversicherung für Beamte im Normalfall für sehr günstige Versicherungsprämien erhältlich.

Selbstständige und Freiberufler gehen leider leer aus – Oder etwa doch nicht?

Selbstständige und Freiberufler erhalten grundsätzlich keine Zuschüsse für ihre Versicherungsprämien. Allerdings stehen an dieser Stelle vor allem für Neuselbstständige sehr günstige Tarife, die sogenannten „Start"-Tarife, zur Verfügung. Diese sind mit allen notwendigen Leistungen ausgestattet, in der Beitragsgestaltung allerdings sehr zu Gunsten des Versicherungsnehmers optimiert. Wem dies dennoch nicht genug ist, der kann seine Beiträge zur privaten Krankenversicherung, sowie die Eigenanteile von der Steuer absetzen lassen, worauf in

Punkt 4 noch einmal genauer eingegangen wird.

Stehen auch Arbeitslosen Zuschüsse zur privaten Krankenversicherung zu?

Arbeitslose erhalten generell den kompletten Beitrag zur privaten Krankenversicherung erstattet. Dies trifft ausschließlich dann nicht zu, wenn der Zutritt zur Privatkasse bereits vor einem Leistungsbezug stattfindet. Allerdings kann das jeweils zuständige Amt des Versicherungsnehmers diesen dazu drängen, in einen günstigeren Tarif zu wechseln, beispielsweise in den Basistarif, sofern dieser günstiger ist als der bisherige Tarif.

4. Können die Beiträge zur privaten Krankenversicherung steuerlich abgesetzt werden?

Seit dem Jahr 2010 können sämtliche Aufwendungen welche der persönlichen Vorsorge dienen steuerlich abgesetzt werden. Darunter fallen auch die Beiträge zur privaten Kranken-versicherung. Bereits im Jahr 2008 entschied das Bundes-verfassungsgericht, dass die Versicherungsprämien zu Kranken-versicherungen und Pflegeversicherungen viel zu wenig Aufmerksam seitens des Finanzamtes erhielten, worauf hin ein besonderes Gesetz eingeführt wurde. Das „Gesetz zur verbesserten steuerlichen Berücksichtigung von Vorsorgeaufwen-dungen" soll demnach dazu beitragen, die Bürger in Zukunft ein wenig zu entlasten. Zwar hört sich diese neue Regelung sehr interessant und nützlich an, doch gibt es noch immer einen kleinen Haken. So lässt sich nämlich lediglich der Basistarif der privaten Krankenversicherung steuerlich absetzen. Der Vorteil daran ist lediglich die Tatsache, dass sich der komplette Versicherungsbeitrag und nicht nur ein bestimmte Prozentsatz absetzen lässt. Ungeachtet dessen hat der Gesetzgeber aber auch eine Obergrenze der Absetzbarkeit eingeführt. Diese besagt, dass Alleinstehende maximal 1.900 Euro absetzen lassen dürfen und Ehepaare maximal 2.800 Euro. Hinzu kommt allerdings noch die Möglichkeit, die Versicherungsprämien für die Familienmitglieder, gleichermaßen abzusetzen. Doch sollte an dieser Stelle darauf hingewiesen werden, dass mögliche Beitragsrückerstattungen auch bei der Steuererklärungen Berücksichtigung finden. Um die

Versicherungsprämien auch effektiv von der Steuer absetzen zu können müssen die Versicherungsgesellschaften einen ordentlichen Beleg für die Steuererklärung ausfüllen. Oftmals reicht hierbei bereits der Vertrag oder aber die Beitrags-rechnungen. Sofern der Versicherungsnehmer keinen ordentlichen Beleg für die Höhe des Basistarif- Beitrages vorweisen kann, sind die Beiträge auch nicht in voller Höhe absetzbar, sondern reduzieren sich bei der Absetzbarkeit um 10 bis 20 Prozent.

Eigenanteile lassen sich steuerlich absetzen – Doch nicht alles wird vom Fiskus berücksichtigt

Neben den Beiträgen zum Basistarif aus der privaten Kranken-versicherung können auch die Kosten, welche aus Eigenanteilen resultieren, wie zum Beispiel für Beihilfen, von der Steuer abgesetzt werden. Dies gilt sowohl für Versicherungsnehmer aus der gesetzlichen Krankenversicherung, wie auch aus der privaten Krankenversicherung. In den meisten Fällen können solche Kosten allerdings nur teilweise abgesetzt werden, darüber hinaus gilt diese Regelung auch nur für ganz bestimmte Leistungen. Dazu zählen sämtliche Kosten, die auf Grund einer Allergie auf den Versicherungsnehmer zukommen. Diese Kosten können sowohl zur Vorbeugung, als auch zur Linderung oder Beseitigung eingesetzt werden. Zudem können auch Kosten für alternative Heilmethoden von der Steuer abgesetzt werden. Die alternativen Methoden müssen dafür nicht einmal von der Bundesärztekammer anerkannt sein. Alles was benötigt wird ist ein Attest des Arztes, dass diese alternative Heilmethode auch tatsächlich notwendig war. Ebenso können Medikamente von der Steuer abgesetzt werden. Dies ist besonders für gesetzlich versicherte Personen interessant, denn in der Regel müssen diese sogar bei rezeptpflichtigen Medikamenten einen Eigenanteil entrichten. Medikamente die hingegen freiverkäuflich zur Verfügung stehen müssen in voller Höhe von dem Versicherten bezahlt werden. Um als gesetzlich Versicherter die Kosten für Medikamente von der Steuer abzusetzen müssen alle Quittungen sorgfältig aufbewahrt und bei der jährlichen Steuererklärung eingereicht werden.

Privatversicherte bekommen in der Regel alle Medikamente in voller Höhe von der Privatkasse erstattet. Sollte dies einmal nicht der Fall sein, so können auch Privatpatienten ihre Medikamentenkosten steuerlich geltend machen. Ebenso können die Kosten für eine notwendige Kur in voller Höhe von der Steuer abgesetzt werden. Einzige Voraussetzung, die Kur muss auf Grund einer Berufskrankheit erfolgen. Erstaunlich ist an dieser Stelle auch, dass sämtliche Kosten, die mit einer Geburt in Verbindung stehen - wie etwa eine Hebamme, Geburtsvorbereitungskurse und weitere - steuerlich absetzbar sind. Allerdings wird hierbei ein zumutbarer Eigenanteil berücksichtigt. Somit sind diese Kosten nur teilweise absetzbar. Darüber hinaus können auch die Kosten für Zahnbehandlungen und Zahnersatz abgesetzt werden. Insbesondere dieser Punkt ist sehr interessant, denn viele Krankenversicherungen stellen sich hier quer. Durch die steuerliche Absetzbarkeit, welche zu 100 Prozent möglich ist, sollte dies jedoch nicht allzu tragisch sein. Bei der steuerlichen Absetzbarkeit von Zahnersatzkosten ist es zudem vollkommen irrelevant, welches Material zum Einsatz gekommen ist und ob es günstigere Alternativen gab. Auch besondere Heilmittel, wie etwa Krankengymnastik oder Massagen, sowie andere Therapien können steuerlich geltend gemacht werden, ebenso die Kosten für Hilfsmittel, wie zum Beispiel eine Brille oder ein Hörgerät. Eine besondere Beachtung wird auch dem Internat für Kinder und Jugendliche zugeschrieben. Dies trifft allerdings nur insofern zu, wie der Aufenthalt in dem Internat aus gesundheitlichen Gründen notwendig ist. Auch eine Kinderkur in einer privaten Einrichtung kann unter bestimmten Voraussetzungen steuerlich abgesetzt werden, muss hierzu nur ein Attest des Arztes vorhanden sein, das diese den gewünschten Effekt erzielte. Die Kosten für kosmetische Operationen sind von der Steuer absetzbar, wenn diese eine Missbildung behandeln, medizinisch notwendig sind, oder psychische Probleme beseitigen. Um die Kosten für eine künstliche Befruchtung von der Steuer absetzen zu können, muss die Ursache der Kinderlosigkeit in der Ehe bei dem Mann liegen. Auch hier ist ein ärztliches Attest notwendig. Oftmals passiert es, dass eine Krankenversicherung die Notwendigkeit einer attestierten Kur nicht anerkennt und der Versicherungsnehmer auf den Kosten sitzen bleibt. In solch einem Fall können die Kosten über die jährliche Steuererklärung geltend gemacht werden. Hierzu muss der zuständige Arzt bereits vor Antritt der Kur ein Attest ausstellen. Außerdem werden 20 Prozent der Kurkosten abgerechnet, da während des Aufenthalts die üblichen Unterhaltskosten entfallen. Auch Patienten welche die Vorteile einer Augen-Laser-OP nutzen möchten dürfen sich seit Einführung des neuen Gesetzes freuen, denn diese Kosten werden oftmals nicht von der Krankenkasse übernommen, können dafür jedoch über die Steuer abgesetzt werden.

5. Lohnt sich eine private Krankenversicherung für Familien?

In der Regel ist die private Krankenversicherung für Familien ein recht umstrittenes Thema. Denn auf Grund der Tatsache, dass es in der privaten Krankenversicherung keine Familienversicherung gibt, können die Versicherungsprämien sehr schnell in die Höhe steigen. Allerdings können einige Personengruppen trotz Familie mit der privaten Krankenversicherung sparen. Dabei handelt es sich jedoch überwiegend um Selbstständige und Freiberufler mit einem sehr hohen Einkommen.

Da diese Berufsgruppen in der Regel sehr hohe Beiträge zur gesetzlichen Krankenversicherung zahlen, ist es an dieser Stelle problemlos möglich, für die gleiche Prämienhöhe eine private Krankenversicherung zu finden und die komplette Familie abzudecken.

Hierbei sollte allerdings auch beachtet werden, dass es nicht notwendig ist, alle Familienmitglieder über eine Versicherungsgesellschaft zu versichern. Da ohnehin für jedes Mitglied der Familie ein einzelner Vertrag abgeschlossen werden muss, können somit gezielt die günstigsten und dennoch umfangreichsten Angebote ausgewählt werden.

Vergleiche nutzen – So lässt sich für jedes Familienmitglied das passende Angebot finden und jede Menge Geld einsparen

Doch oftmals fällt es schwer, die passenden Angebote für die gesamte Familie herauszusuchen. Wobei dies dank der modernen Lösungen ein sehr geringes Problem sein sollte. So kann zum Beispiel ein ausführlicher Vergleich der einen privaten Krankenkassen sehr aufschlussreich sein. Hierbei sollte jedoch für jedes Familienmitglied ein Extra-Vergleich gemacht werden. Auf diese Weise kann tatsächlich sehr viel Geld gespart werden. So bieten beispielsweise einige Versicherer eine private Krankenvollversicherung mit einer jährlichen Selbstbeteiligung in Höhe von 300 Euro, einem Mehrbettzimmer, 100% Kostenerstattung bei Zahnbehandlungen und 60% Kostenerstattung bei Zahnersatz für gerade einmal 100 Euro im Monat an. Rechnet man dies zum Beispiel auf eine vierköpfige Familie, so würde man mit der privaten Krankenversicherung auf einen Gesamtbeitrag von 400 Euro im Monat kommen.

Handelt es sich nun hierbei tatsächlich um einen Versicherungsnehmer, dessen Einkommen über der Versicherungspflichtgrenze liegt, so würde dieser vergleichsweise einen monatlichen Beitrag in Höhe von 624,75 Euro in die gesetzliche Krankenversicherung zahlen müssen und könnte somit mit der privaten Krankenversicherung mehr als 225 Euro pro Monat sparen, obwohl die gesamte Familie versichert ist. Den Versicherungsbeitrag zur gesetzlichen Krankenversicherung können Sie im Übrigen ganz einfach selbst ermitteln. So müssen Selbstständige und Freiberufler 14,9% des Bruttoeinkommens für die gesetzliche Krankenversicherung entbehren und Arbeitnehmer 7,9% des Bruttoeinkommens, die restlichen 7% werden hier von dem Arbeitgeber entrichtet.

Im oben genannten Beispiel wurde die Beitragsbemessungsgrenze zu Grunde gelegt, welche aktuell 53.550 Euro jährlich und 4.462,50 Euro monatlich beträgt. Da Arbeitnehmer grundsätzlich erst ab Erreichen der Versicherungspflichtgrenze in die PKV wechseln können ist ein so hoch angesetztes Beispiel an dieser Stelle angebracht.

6. Welche Türen kann die private Krankenversicherung ihren Versicherungsnehmern eigentlich öffnen?

Die private Krankenversicherung bietet den Versicherungs-nehmern zahlreiche Vorteile, welche die gesetzliche Krankenversicherung nicht bieten kann. Einer der größten Vorteile ist unter anderem die Tatsache, dass die Versicherungsgesellschaften die Beiträge einkommens-unabhängig erheben. Somit werden die Beiträge ausschließlich an die eigenen Wünsche bezüglich der Leistungen und an die persönlichen Gegebenheiten, welche insbesondere den Gesundheitszustand betreffen, angepasst. Auf Grund dessen ist die private Krankenversicherung nicht selten wesentlich günstiger als die gesetzliche Krankenversicherung.

An einem einfachen Beispiel kann dies anschaulich erklärt werden. Angenommen ein Selbstständiger erzielt ein monatliches Einkommen in Höhe von 5.800 Euro brutto. Die Beitragsbemessungsgrenze liegt im Jahr 2014 bei 4.462,50 Euro brutto monatlich. Die restlichen 1337,5 Euro bleiben bei der Berechnung des Beitrages zur gesetzlichen Krankenversicherung unberücksichtigt. Der Selbstständige muss nun einen Prozentsatz in Höhe von 14,9% des anrechnungsberechtigten Einkommens, also der 4.462,50 Euro, in die gesetzliche Krankenversicherung zahlen. Dies entspricht einem monatlichen Versicherungsbeitrag in Höhe von 664,91 Euro. Die private Krankenversicherung hingegen berechnet den Beitrag nicht auf Grund des monatlichen Einkommens, sondern nur an Hand der gewählten Leistungen. Gesetz dem Fall der Selbstständige hat keine besonderen Wünsche, sondern gibt sich mit einem Mehrbettzimmer, einer Selbstbeteiligung in Höhe von 300 Euro, einer Kostenerstattung in Höhe von 100% für Zahnbehandlungen und 60% für Zahnersatz zufrieden, so könnte dieser bereits eine Privatversicherung für gerade einmal 100 Euro im Monat abschließen und somit mehr als 360 Euro im Monat sparen. Dies ergibt einen erstaunlichen Wert von mehr als 4.320 Euro im Jahr. Hinzu kommt eine mögliche Beitragsrückerstattung bei Nichtinanspruchnahme der Leistungen, in Höhe von maximal 600 Euro. Bereits an diesem Beispiel wird ersichtlich, welches Sparpotenzial tatsächlich in der privaten Krankenversicherung liegt.

Nicht nur Sparen wird bei der privaten Krankenversicherung groß geschrieben, sondern auch ein großes Leistungsspektrum steht auf dem Programm

Neben den Sparmöglichkeiten bietet die private Krankenversicherung natürlich noch zahlreiche weitere Vorteile und kann dem Versicherungsnehmer noch vielfältige weitere Türen zu mehr Komfort öffnen.

Insbesondere was den gewünschten Leistungsumfang betrifft. So lassen sich über die private Krankenversicherung ganz selbstverständlich Heilpraktikerbehandlungen mitversichern, welche die gesetzliche Krankenversicherung kategorisch ausschließt. Ebenso können auf Wunsch 1-Bett-Zimmer im Falle eines Krankenhausaufenthaltes zur Verfügung gestellt werden, gleichermaßen auch eine komfortable Chefarztbehandlung. Auch können Hilfsmittel, wie etwa Brillen, Hörgeräte oder weitere problemlos durch die private Krankenversicherung finanziert werden. Zu Gleich sind die gewählten Leistungen in der Privatkasse stets für den gesamten Versicherungszeitraum garantiert. Das heißt, der Versicherer darf die Leistungen nicht einfach so streichen. In der gesetzlichen Krankenversicherung wird dies jedoch immer häufiger bemängelt. Aus der Vergangenheit ist bereits bekannt, wie oft die gesetzliche Krankenversicherung dazu neigt, Leistungen aus dem Leistungskatalog zu streichen und die Beiträge dennoch nicht zu reduzieren. Außerdem stellt sich bei den Privatversicherern ein weiterer Vorteil heraus, welcher die Leistungen betrifft, nämlich die Medikamente. Die private Krankenversicherung übernimmt die kompletten Kosten für Medikamente, unabhängig davon ob es sich um ein verschreibungspflichtiges oder um ein freiverkäufliches Präparat handelt. Die GKV hingegen übernimmt gerade einmal einen geringen Anteil für verschreibungspflichtige Medikamente.

Keine Angst vor Krankheitsausfällen haben – So lässt es sich leben

Ein weiterer, vielversprechender Vorteil der privaten Krankenversicherung ist die Absicherung im Krankheitsfall, welche vor allem bei Freiberuflern und Selbstständigen sehr hohen Anklang findet. Denn wer kennt es nicht. Kaum ist man ein paar Tage krank, schon macht sich dies auf das monatliche Einkommen bemerkbar. Die private Krankenversicherung kann, sofern es der Versicherungsnehmer tariflich vereinbart, ein Krankenhaustagegeld und ein Krankentagegeld in gewünschter Höhe, meistens zwischen 10 und 100 Euro pro Tag, zahlen. Somit sind Verdienstausfälle Schnee von gestern und können nach eigenem Belieben vorgebeugt werden.

Welche Türen kann denn die private Krankenversicherung nun öffnen? Stimmt es, dass Privatversicherte bevorzugt behandelt werden?

Neben den vielfältigen Vorteilen der privaten Kranken-versicherung kann diese natürlich auch zahlreiche Türen öffnen. Beispielsweise ist der Versicherungsnehmer nicht wie in der gesetzlichen Krankenversicherung an einen Vertragsarzt gebunden, sondern kann nach seinem eigenen Belieben, Wünschen und Vorstellungen einen Arzt des Vertrauens auswählen. Freie Arztwahl ist somit bei der PKV eine der obersten Prioritäten. Dies gilt im Übrigen nicht nur für den Hausarzt, sondern auch für Zahnärzte und andere Ärzte welche für eine erstklassige Behandlung des Versicherungsnehmers notwendig sind. Darüber hinaus erhält der Versicherungsnehmer dank der privaten Krankenversicherung auch direkten Zutritt zu einem Chefarzt und kann somit auf eine einwandfreie Behandlung zugreifen. Eine bevorzugte Behandlung kann je nach Tarifwahl ebenfalls stattfinden. Auf Wunsch stehen dem Versicherungsnehmer sogar erholsame Kuren zur Verfügung, die nicht zwangsläufig in einer allgemeinen Einrichtung, sondern auch in einer privaten Kureinrichtung stattfinden können. Die private Krankenversicherung bietet somit also vielfältige Leistungen die sich viele Versicherungsnehmer sehr gerne wünschen.

7. Die Entscheidung steht – Was ist aber bei einem Wechsel in die private Krankenversicherung zu beachten?

Zwar kann der Versicherungsnehmer mit einer privaten Krankenversicherung jede Menge an Beitragskosten sparen, nicht jedoch
an Formalitäten. Wenn die Entscheidung endgültig feststeht und
ein Wechsel in die private Krankenkasse gewünscht wird, kommt
erstmal einiges auf den Versicherungsnehmer zu. So steht als
erstes die Kündigung der derzeitigen Versicherung an. Dies
zumindest denken die meisten Versicherungsnehmer. Als erstes
kommt nämlich nicht die Kündigung, sondern die Suche nach
einem Neuvertrag. An dieser Stelle empfiehlt es sich, einen
ausführlichen Versicherungsvergleich, inklusive Beratung zu
machen, oder direkt über einen Versicherungsmakler das
passende Angebot auszuwählen. Wurde die passende
Versicherungsgesellschaft gefunden, so geht es erst einmal an die
Antragsstellung, welche in jedem Fall notwendig ist. Der Antrag
auf eine private Krankenversicherung umfasst sämtliche
persönliche Daten, wie zum Beispiel das Alter, den Berufsstand,
das monatliche Einkommen, oder aber auch das Gewicht und die
Größe. Gleichzeitig erfolgt die Beantwortung der notwendigen
Gesundheitsfragen, welche ebenfalls dem Antrag angehören. Hier
sollten in jedem Fall wahrheitsgemäße Angaben gemacht werden,
denn Falschaussagen können sich im weiteren Verlauf sehr
negativ auswirken und sogar bis zu einem Rechtsstreit führen. In
einigen Fällen müssen die Gesundheitsfragen auch von dem

persönlichen Hausarzt abgesegnet werden. Somit erhält die Versicherungsgesellschaft die Sicherheit, dass tatsächlich alle Antworten auf die Gesundheitsfragen der Wahrheit entsprechen. Neben den Gesundheitsfragen umfasst der Antrag auf die private Krankenversicherung im gleichen Zuge alle notwendigen Fragen zum gewünschten Tarif und somit zu den gewünschten Leistungen. Nachdem der Antrag für die private Krankenversicherung ausgefüllt wurde muss dieser bei der gewählten Versicherungsgesellschaft eingereicht werden, oder ggf. eingeschickt. Die Versicherungsgesellschaft wird nach Erhalt alle Daten prüfen. In Sonderfällen umfasst die Prüfung auch eine Bonitätsprüfung. Diese dient dazu, Zahlungsausfälle zu vermeiden.

Der Antrag auf die private Krankenversicherung wird geprüft – Und was geschieht dann?

Nach erfolgreicher Prüfung des Versicherungsantrages folgt die Entscheidung. So erhält der Antragsteller entweder eine Ablehnung oder eine verbindliche Zusage. Sofern eine verbindliche Zusage erfolgt, kann der Antragsteller mit dieser zu seiner aktuellen Krankenversicherung gehen und diese kündigen. Für die Kündigung ist die verbindliche Zusage zwingend notwendig, ohne diese kann eine Kündigung nicht erfolgen. Die Kündigungsfrist beläuft sich in der Regel auf drei Monate.

Die Neuversicherung bei der privaten Versicherungsgesellschaft sollte demnach auch erst für den Zeitraum nach Kündigung beantragt werden. In einigen Fällen übernimmt sogar die ausgewählte, neue private Krankenversicherung die Kündigung der alten Versicherung.

Ist ein Rückwechsel in die gesetzliche Krankenversicherung jederzeit möglich oder gibt es auch hier wieder Formalitäten zu beachten?

Was passiert aber, wenn man plötzlich doch nicht so richtig mit der gewählten privaten Krankenversicherung zufrieden ist und gerne wieder in die gesetzliche Krankenversicherung zurückwechseln möchte. An dieser Stelle können einem schnell einige Steine in den Weg gelegt werden, denn in der Regel ist eine Rückkehr in die gesetzliche Krankenversicherung von der privaten Krankenversicherung alles andere als einfach. Oftmals ist es sogar überhaupt nicht möglich. Um in die gesetzliche Krankenversicherung zurück wechseln zu können muss das Einkommen plötzlich wieder geringer werden und unter die Versicherungspflichtgrenze fallen. Dies zumindest gilt für Arbeitnehmer. Selbstständige und Freiberufler haben in der Regel gar keine Chance, zurück in die gesetzliche Krankenversicherung zu wechseln, da diese sich freiwillig von der Versicherungspflicht befreit lassen haben. Oftmals können diese Personengruppen erst dann wieder wechseln, wenn die Selbstständigkeit aufgegeben wird, eine somit eintreffende Arbeitslosigkeit folgt oder ein Arbeitnehmerverhältnis aufgenommen wird, bei welche die Versicherungspflichtgrenze nicht überschritten wird. Noch problematischer wird es, wenn der Versicherungsnehmer zum Zeitpunkt des gewünschten Wechsels von der privaten

Krankenversicherung in die gesetzliche Krankenversicherung das 55. Lebensjahr bereits erreicht hat. Ist dies geschehen, so muss der Versicherungsnehmer zwangsweise in der privaten Krankenversicherung bleiben. Sollte die Beiträge jedoch zu hoch sein und kann sich der Versicherungsnehmer diese nicht mehr leisten und wünscht deshalb in die GKV zurück zu wechseln, so muss dieser in den Basistarif der Privatversicherung gehen, welcher sowohl an die Leistungen, als auch an die Beiträge der gesetzlichen Krankenversicherung anlehnt.

Was geschieht, wenn die private Krankenversicherung gewechselt werden soll? Gibt es hier irgendwelche Nachteile?

Und wie verhält es sich, wenn ein Versicherungsnehmer von einer Privatkasse in eine andere Privatkasse wechseln möchte? Dies ist in der Regel kein Problem. Hierzu müssen normalerweise nur die vertraglich geregelten Kündigungsfristen, welche zumeist drei Monate betragen, eingehalten werden. Allerdings sollte an dieser Stelle erwähnt werden, dass eine bereits angesparte Alterungsrückstellung selten mitgenommen werden kann. Falls es doch möglich ist, so oftmals nur in geringen Teilen. Die Alterungsrückstellung dient der Beitragsstabilität in höherem Alter. Wenn diese nun nicht mitgenommen werden kann, ist damit zu rechnen, dass die Beiträge in der neuen privaten Krankenversicherung höher angesetzt werden, da mit der Ansparung zur Alterungsrückstellung erneut begonnen werden muss. Alternativ hat der Versicherungsnehmer jedoch bereits im

Voraus die Möglichkeit, sich vor solch einem Schaden zu schützen. Hierzu gibt es Zusatzversicherungen mittels dessen eine weitere Alterungsrückstellung aufgebaut werden kann, welche definitiv auf eine andere private Krankenversicherung übertragen werden kann.

8. Worauf sollte bei einem Versicherungsvertrag für die private Krankenversicherung unbedingt geachtet werden?

Ein Vertrag über eine private Krankenversicherung sollte stets einige grundlegende Rahmenbedingungen beinhalten. Diese sind jedoch von Tarif zu Tarif recht variable, wobei der Versicherungsnehmer stets seinen eigenen Wunschtarif wählen kann. Nachfolgend möchten wir einige Grundlagen genauer aufführen.

Was genau sollte unbedingt in einem Versicherungsvertrag für eine private Krankenversicherung stehen?

An erster Stelle sollten alle zur Verfügung gestellten Leistungen in dem Versicherungsvertrag garantiert festgehalten werden. Warum garantiert? Sofern die Leistungen in dem Vertrag nicht garantiert werden hat die Versicherungsgesellschaft jederzeit das Recht, Leistungen grundlos zu streichen. Insbesondere bei den Leistungen sollte stets darauf Acht gegeben werden, ob es sich auch tatsächlich um alle gewünschten Leistungen handelt. Gleichzeitig sollte das Augenmerk aber auch auf Leistungen gelegt werden, die von dem Versicherungsnehmer vielleicht gar nicht gewünscht sind, denn so etwas sollte in keinem Fall geduldet werden, da ansonsten schnell Zusatzkosten auf den Versicherungsnehmer zukommen. In Anbetracht der Leistungen sollte auch auf dessen Umfang geachtet werden. Denn auch dieser sollte vertraglich vereinbart sein. Mit Umfang ist in diesem Sinne die Höhe der Kostenübernahme von bestimmten Versicherungsleistungen gemeint. Ebenso spielt die Höhe des Selbstanteils eine wichtige Rolle in dem Versicherungsvertrag. Darüber hinaus sollte ein Blick auf die mögliche Kündigungsfrist gelegt werden. Fristen von sechs Monaten oder mehr sind in keinem Fall tragbar. So sollte die Kündigungsfrist maximal drei Monate beinhalten. In Bezug auf die Kündigung ist auch eine mögliche Mitnahme der Alterungsrückstellung vertraglich zu garantieren, sofern diese angeboten und gewünscht wird. Ebenso sollten Rabattierungen, die vielleicht sehr verlockend sind, genauer hinterfragt werden. An dieser Stelle ist es nämlich gut möglich, dass Versicherungsgesellschaften zu Beginn der Versicherungszeit auf Kostenersparnisse spekulieren, die Verluste jedoch im weiteren Verlauf wieder einholen wollen. Im Vertrag sollte darüber hinaus auch festgehalten werden, wie sich die Abrechnung regelt. Grundsätzlich müssen Versicherungsnehmer der privaten Krankenversicherung nämlich ihre ärztlichen Leistungen vorfinanzieren und im Anschluss die jeweilige Rechnung bei ihrer privaten Krankenversicherung, welche die Kosten nun zurückerstattet, einreichen. In einigen besonderen Fällen ist es jedoch auch so, dass der behandelnde Arzt eine Rechnung mit einem Zahlungsziel von meistens 14 Tagen ausstellt und die private Krankenversicherung somit die Gelegenheit hat, die entstandenen Kosten direkt zu begleichen. In diesem Zusammenhang sollte unbedingt auch auf die vertraglich geregelte Wartefrist geachtet werden. Diese sollte 14 Tage in der Regel nicht überschreiten, besser sind dagegen noch Wartefristen von 7 Tagen, da so mit einer schnellen Erstattung gerechnet werden kann. Gleichermaßen sollte eine gründliche Prüfung der Leistungsausschlüsse stattfinden. Diese sind immer vertraglich geregelt und können auch unberechtigt sein. Wenn Ihr Gesundheitszustand in bester Qualität ist, Sie weder Raucher sind noch über Untergewicht oder Übergewicht klagen und auch weiterhin keine Beschwerden äußern sollten an dieser Stelle in der Regel nicht allzu viele Punkte auftauchen.

Gibt es besondere Versicherungsmerkmale für eine private Krankenversicherung im Basistarif?

Des Weiteren sollten alle Versicherungsverträge für einen Basistarif der privaten Krankenversicherung die gleichen Formalitäten wie ein Versicherungsvertrag der gesetzlichen Krankenversicherung beinhalten.

Das heißt, es dürfen keine Risikozuschläge festgehalten werden. Mutterschaftsgeld, Fahrtkosten und alle anderen Leistungen, welche von der GKV angeboten werden, müssen auch hier angeboten werden.

Wo bekommt ein Versicherungsnehmer unabhängige Hilfe angeboten?

Auch wenn die Prüfung der Versicherungsverträge noch so gründlich durchgeführt wird kann immer etwas übersehen werden, insbesondere dann, wenn sich ein Versicherungsnehmer nicht mit Vertragsbedingungen und Vertragsvoraussetzungen auskennt. An dieser Stelle ist es durchaus empfehlenswert, einen Anwalt zur Befragung zu nutzen. Die Beratung ist in der Regel nicht mit sehr hohen Kosten verbunden, kann im Nachhinein aber sehr nützlich sein. Ein Anwalt kennt sich grundsätzlich mit den vielseitigen Bedingungen die in einem Vertrag stehen müssen aus und kann somit eine optimale Beratung, Beurteilung und vor allem Hilfestellung anbieten. Sofern Sie keinen Anwalt haben, mit welchem Sie einen Vertrag besprechen können, haben Sie auch die Möglichkeit, einen Versicherungsmakler zur Seite zu ziehen, welcher sich den Vertrag genauer ansieht und Ihnen alles ausführlich erklären kann. Auch ein Versicherungsmakler kann Ihre Fragen fachmännisch und wahrheitsgemäß beantworten. An dieser Stelle sollte jedoch ein Versicherungsmakler genutzt werden, den Sie bereits aus vergangener Zeit kennen und dem Sie vertrauen können. Im äußersten Fall hätten Sie auch die Möglichkeit, direkt mit der gewählten Versicherungsgesellschaft in Kontakt zu treten und die um mehr Informationen zu bitten bzw. Ihre Fragen beantworten zu lassen.

Fazit

Ein Wechsel in die private Krankenversicherung sollte stets gut durch dacht sein. Gleichermaßen sollte auch auf die gesetzlichen Rahmenbedingungen geachtet werden, ebenso auf die Rahmenbedingungen, welche die Privatkassen erstellen. Vor einem Wechsel in die private Krankenversicherung ist es immer sehr hilfreich, sich ausführlich über die zahlreichen Formalitäten, Komplexitäten und Bedingungen zu informieren. An dieser Stelle kann zum Beispiel ein ausführlicher Online-Vergleich sehr nützlich sein, ebenso aber auch ein intensives Gespräch mit einem Versicherungsmakler, der auch tatsächlich versteht, worum es bei der privaten Krankenversicherung wirklich geht, worauf zu achten ist, was wirklich wichtig ist und vielleicht auch was überflüssig ist.

Sofern Sie sich für einen Versicherungsmakler entscheiden, sollten Sie einen wählen, dem Sie auch tatsächlich vertrauen können. So wie Sie auch bei Ihrer Arztwahl vorgehen.

Der Wechsel in die private Krankenversicherung ist stets eine ideale Alternative zur gesetzlichen Krankenversicherung welcher, sofern es die persönliche Situation und die privaten Gegebenheiten zulassen auch sehr nützlich sein kann. Obwohl die private Krankenversicherung viele Versicherungsleistungen als Zusatzleistungen anbietet, sollten an dieser Stelle Prioritäten gesetzt werden, denn die beste und umfangreichste Privatversicherung bringt bei Weitem nichts, wenn die monatlichen Versicherungsprämien nicht gezahlt werden können, da diese viel zu überhöht sind. Außerdem sollte ein Wechsel in die private Krankenversicherung nur dann stattfinden, wenn der Versicherungsnehmer auch tatsächlich davon ausgehen kann, dass er diese für einen längeren Zeitraum nutzen will und vor allem darf. Denn es ist sichtlich nutzlos in eine private Krankenversicherung zu wechseln, wenn bereits bei Vertragsabschluss davon ausgegangen werden kann, dass innerhalb der nächsten Monate oder nach einigen wenigen Jahren ein Rückwechsel in die gesetzliche Krankenversicherung stattfinden muss.

Für die private Krankenversicherung gibt es zudem zahlreiche Zuschussmöglichkeiten, welche sowohl von Arbeitnehmern, als auch von Künstlern und Publizisten, sowie von Studenten, Beamten und Hartz-4-Empfängern in Anspruch genommen werden können und auch sollten. Denn auf Grund der möglichen Zuschüsse können sich die Beitragszahlungen sehr zu Gunsten des Versicherungsnehmers entwickeln, was mit Sicherheit im Interesse aller Versicherten ist.

Problematisch wird es lediglich bei dem Thema Familienversicherung in der privaten Krankenversicherung, denn diese grundlegende Säule kann bislang noch nicht zur Verfügung gestellt werden. An dieser Stelle sollte ein Vergleich, welcher sich an die Bedürfnisse aller Familienmitglieder anlehnt, durchgeführt werden. In einigen Fällen ist es nämlich auch möglich, dass Privatversicherte trotz der mehrfachen Verträge mit der privaten Krankenversicherung günstigere Beiträge zahlen, als Sie es beispielsweise bei der gesetzlichen Krankenversicherung tun müssten.

Sofern jedoch mehr als zwei Kinder in der Familie leben, sollte direkt von der privaten Krankenversicherung abgesehen werden, denn die Kosten wären somit kaum noch tragbar und würden zugleich die Kosten für eine gesetzliche Krankenversicherung weit übersteigen.

Alles in allem kann aber gesagt werden, dass ein Wechsel in die private Krankenversicherung immer eine Überlegung wert sein sollte.

Autor KD. Witzel

Die 5 besten Internet-Ressourcen für eine optimale Krankenversicherung

Wer einen Wechsel in die private Krankenversicherung anstrebt, möchte sich zu vor über die speziellen Versicherungsbedingungen und die Versicherungsgesellschaften informieren. Dabei ist wohl Fachwissen, als auch das Wissen und die Erfahrungen anderer Versicherungsnehmer aus der privaten Krankenversicherung gefragt. Das Internet bietet an dieser Stelle vielfältige Informationsmedien, welche zu den gewünschten Informationen führen können.

User tauschen sich aus – Internetforen als Informationsquelle

Internetforen bieten eine ideale Möglichkeit, um sich mit anderen Nutzern auszutauschen. So können Erfahrungsberichte ingesehen werden und ggf. auch rechtliche Regelungen geprüft werden. So gibt es auch spezielle „Private-Krankenversicherungs-Foren", welche sich insbesondere auf die Privatpatienten spezialisiert haben. Hier kommen neben Fragen zu den Vertragsbedingungen auch Fragen zu den Leistungen, Prämien und vielleicht auch zu der Beitragserhöhung zur Ansprache. Alle nützlichen Informationen für Interessierte der privaten Krankenversicherung. Ebenso können aber auch Tipps von erfahrenen Versicherungsnehmern eingeholt werden. Versicherungsnehmern, die bereits seit längerer Zeit privatversichert sind und somit auch wissen, wovon sie reden. Gleichzeitig haben auch die Interessierten der privaten Krankenversicherung die Gelegenheit, Ihre noch offenen Fragen zu stellen und Antworten zu erhalten. Weiterhin können Rechtsforen zur Informationseinholung sehr interessant sein. In der Regel lässt sich hier auch ein Anwalt finden, welcher ohne Kosten mit den Nutzern kommuniziert und Ratschläge gibt. Da vor allem die private Krankenversicherung mit vielen rechtlichen Regelungen versehen ist, sollte ein Rechtsforum eine willkommene Informationsquelle sein.

Versicherungsvergleiche – Online eine direkte Übersicht

Sehr informativ können auch die vielfältig angebotenen Online-Versicherungsvergleiche sein. Diese lassen sich in der Regel auf die Bedürfnisse, Wünsche und Gegebenheiten der Interessenten einstellen.

Wenn Sie an einer privaten Krankenversicherung interessiert sind, sollten Sie diese Möglichkeit in jedem Fall nutzen. Mit Hilfe eines Versicherungsvergleichs können alle möglichen Versicherungs-gesellschaften genauer unter die Lupe genommen werden. Neben den Prämienhöhen lassen sich auf die Weise auch die angebotenen Leistungen unter den Versicherungsgesellschaften vergleichen. Da ein Versicherungsvergleich der privaten Krankenkassen oftmals die Eingabe unterschiedlicher Daten erfordert - diese können sowohl das Alter, das Geschlecht, den Berufsstand, wie auch Fragen zum Gesundheitszustand betreffen - können direkt die passendsten Angebote für die eigenen Bedürfnisse ausgewählt werden. Somit könnten Sie sich mit einem Versicherungsvergleich der privaten Krankenversicherungen jede Menge Zeit, Nerven und Geduld sparen. Denn im Normalfall ist ein Versicherungsvergleich in kürzester Zeit abgeschlossen und zeigt direkt die errechneten Ergebnisse an. Die müheselige Recherche hätte sich somit für Sie erledigt.

Versicherungsvergleiche – Online absolvieren, Offline beraten

Mittlerweile gibt es auch unterschiedliche Versicherungsvergleiche, welche es ermöglichen, sämtliche Formalitäten direkt am PC in den heimischen vier Wänden zu erledigen. Hierbei erhalten Sie allerdings nicht sofort ein Ergebnis, denn Ihre Anfrage fällt erst einmal in einen großen Pool in welchem auch andere Anfragen vorhanden sind.

Versicherungsmakler aus Ihrer näheren Umgebung haben im Anschluss die Möglichkeit, Ihre Anfrage anzunehmen, diese auf Richtigkeit und Vollständigkeit zu überprüfen und für Sie einen Vergleich der besten Anbieter aufzustellen. Im Anschluss erhalten Sie in der Regel einen Anruf des jeweiligen Versicherungsmaklers. Diesen sollten Sie im besten Falle um einen Termin bitten. Generell brauchen Sie sich für solch einen Termin keinen weiten Weg machen, da die Versicherungsmakler zu Ihnen nach Hause kommen. Während des Termins erhalten Sie von dem Versicherungsmakler zahlreiche Informationen, können direkt

Fragen stellen und auf Wunsch, sofern ein für Sie passendes Angebot bereits liegt, direkt einen Antrag auf eine private Krankenversicherung bei einer Versicherungsgesellschaft stellen. Der Vorteil an solchen Versicherungsvergleichen ist die direkte Beratung und der nicht computergestützte Vergleich, welcher eventuell Fehler enthalten könnte für die niemand verantwortlich zu machen ist.

Versicherungsvergleiche – Online absolvieren und am Telefon beraten?

Eine weitere Möglichkeit der Versicherungsvergleiche bieten große Zusammenschlüsse von beratenden und verkaufenden Unternehmen, die sich auf die Versicherungsvermarktung spezialisiert haben.

Grundsätzlich ist hierbei nichts einzuwenden, doch gibt es durchaus bessere Alternativen, um eine private Krankenversicherung zu finden.

Sofern Sie an solch einem Vergleich der privaten Krankenversiche-rungen teilnehmen wollen, müssen Sie erst einmal, wie bei allen anderen Vergleichen auch, ein Online-Formular ausfüllen. Hierbei ist es zwingend notwendig, dass Sie Ihre Telefonnummer angeben. In der Regel erhalten Sie auch direkt nach dem Ausfüllen und Abschicken des Formulars ein Ergebnis, welches Sie sich in aller Ruhe anschauen können. Wenige Tage oder gar Stunden später erhalten Sie dann auch einen Anruf, welcher meistens direkt über ein Call-Center stattfindet.

Hier werden Sie gefragt, ob Sie vielleicht noch Fragen haben, welche Ihnen im Anschluss auch beantwortet werden. Gleichzeitig erhalten Sie auch eine spezielle Empfehlung für eine bestimmte Versicherungsgesellschaft. Ebenso werden Ihnen direkt am Telefon zahlreiche Fragen zu Ihrem Gesundheitszustand, etc. gestellt, welche für einen Antrag auf eine private Krankenversicherung unerlässlich sind. In der Regel erhalten Sie wenige Tage nach diesem Telefonat auch Post. Zum einen kann es sein, dass Sie direkt ein Angebot einer Versicherungsgesellschaft erhalten, zum anderen ist es aber auch möglich, dass Sie erst die am Telefon gestellten und beantworteten Fragen bestätigen müssen. Dazu reichen Ihre Unterschrift und die Rücksendung des Formulars aus. Generell hört sich dieses Vorgehen sehr interessant an, doch ist es nicht wirklich zu empfehlen. Auf der einen Seite fehlt der persönliche Kontakt und auf der anderen Seite erhalten Sie keine fachmännische Beratung, da die Telefonate oftmals nur von Call-Center-Angestellten geführt werden und nicht von einem Versicherungsmakler, der etwas von seinem Fach versteht.

Testurteile – Stiftung Warentest und Co. können Aufschluss geben

Eine sehr interessante Möglichkeit der Informationseinholung zum Thema Private Krankenversicherung stellen unterschiedliche Testurteile, wie etwa von Stiftung Warentest oder Focus Money, dar. Hier wurden die Versicherungsgesellschaften auf Herz und Nieren überprüft und benotet. So können Interessenten der privaten Krankenversicherung zahlreiche, wahre Informationen zur gewünschten Versicherung einholen. Diese Tests beschäftigen sich sowohl mit dem Leistungsumfang, wie auch mit dem Service der Versicherung:

Ist diese täglich erreichbar?
Kann ich auch nachts anrufen?
Was ist in Notfällen?

Gleichermaßen werden auch die Prämienhöhen überprüft. Zentrale Fragen können hier zum Beispiel sein:

Stimmt das Preis-LeistungsVerhältnis?
Ist es das wirklich wert, so eine hohe Prämie zu entrichten?
Muss ich auf Grund der geringen Prämie mit Leistungseinbußen rechnen?

Die Testurteile sind in der Regel sehr umfangreich. Erstellt wurden die Urteile durch eine langanhaltende Prüfung der Versicherungsgesellschaften oder aber durch eine Befragung vieler Versicherungsnehmer, welche die jeweilige Versicherung bereits bestens kennen.

Wie Sie sehen können gibt es zahlreiche Möglichkeiten, Versicherungsgesellschaften auf den Prüfstand zu stellen und so an gewünschte, nützliche und vor allem ausreichende Informationen zu gelangen.

Darüber hinaus gibt es natürlich noch vielfältige weitere Informationsquellen, wie zum Beispiel die Internetseiten der einzelnen Versicherungsgesellschaften, die Informationen zur Beständigkeit und zu den möglichen Tarifen bieten. Doch die geläufigsten Internet-Ressourcen zum Thema Private Krankenversicherung stellen die hier dargestellten Quellen dar.

Besser Leben

Titel aus dieser Serie